$L^{27}n$ 20358.

RECIT DE LA
MORT, ET POMPE
funebre obseruée aux obseques du Sʀ. Theophile.

A PARIS,

M. DC. XXVI.

LE VERITABLE
recit de la mort & pompe funebre, obseruée aux obseques de Theophile.

IL est donc mort cét Apollon de nostre aage, qui maintenoit les Muses en leur honneur, & le Parnasse en sa gloire. Il est mort ce Roy des Esprits, dont le fort & puissant Genie, attiroit par vn doux aymant les vrays nourrissons de Minerue, à luy rendre vn libre, & volontaire hommage: Et en mourant il a laiſſé toute la France dans le regret de ſa perte, auſſi ſenſible aux bons & vigoureux eſprits, deſnuez d'intereſt, & de paſſion, qu'agreable à ces foibles ames, qui gagnant de la reputation à bon marché, & par des artifices auſſi peu ſeants à d'honneſtes gents, qu'ils en portent indignement le titre, vouloient baſtir les fondements de leur renommée, & fonder l'eſtabliſſement de leur Monarchie imaginaire, ſur les ruynes de ſon honneur, & la destruction de son Empire: Empire doux, & legitime, puis qu'il estoit volontaire, & que ses subjets s'y soumettoient sans aucune contrainte, & de leur bonne volonté: beaucoup different de celuy dont se donne le titre sans aucune apparence de raison, vn certain escroqueur de suffrages, qui se dit seul Empereur des esprits, quoy qu'il n'en ayt guere à commandement, si ce n'est quelques vaines ombres, & abjectes esclaues de sa vanité: Mais ie dy fy de ces Ministres de Morphée, qui se repaissent de songes, & tirent

aduantage de leur infirmité:
Que s'il se laisse plus emporter à ces extremitez, il verra prononcer à sa confusion l'oracle de ceste sage & docte Sybille, du sçauoir de laquelle la France fait tant d'estime, qui pour rabattre son orgueil le declarera indigne de paroistre parmy ceux dont il veut insolemment s'atribuer l'Empire, & le renuoyera au pays de Lanternois debiter vne monnoye de si bas aloy, qu'elle ne peut auoir cours que parmy les ignorans, & ces peuples badins, qui n'entendent que de corne, & ne vo-

yent que par vne louche & sombre lumiere, ses viles & basses pensées sont si extrauagātes, & pleines de confusiō, qu'elles tesmoignent assez le desordre & l'inegalité de cét Esprit bien fort raualé au dessous du commun, dont la presomption & l'arrogance (marque ordinaire du desfaut de iugement) est tellement insuportable, mesmes à ceux qu'il contraint d'adorer sa vaine Idole, qu'ils ne peuuent approuuer son insolente temerité, & son extresme ingratitude d'auoir osé s'attacquer à son Maistre, Maistre

qui publie hautement, n'a-
uoir qu'vn seul regret en sa
vie, de ce que ses bonnes in-
structions ont esté si mal re-
ceuës de son escolier, qui
prenoit de la main gauche ce
qu'il lui presentoit de la droi-
cte. Mais son insolence a passé bien plus auant, sa méco-
noissance a esté si grande,
que de se prendre à celuy au-
quel il deuoit l'hommage &
la sommission: Ie veux dire à
toy Theophile, bel ornement
de ce siecle, la gloire des bons
esprits, dont ce petit auorton
de la nuë te vouloit querel-
ler l'Empire, affin comme vn
nouuel

nouuel Icare, de signaler son dessein par sa cheute, & par vne si haute entreprise, tesmoigner au moins le desir d'auoir tant osé; artifices ordinaires de ce joüeur de passe passe. Mais c'est trop s'amuser sur vn sujet qui ne le vaut pas. Ie reuiens à toy Theophile, dont le renom porté sur l'aisle de tes vers, vole de l'vn à l'autre Pole, & dont le los, malgré les griffes de la médisance, te reserue à l'eternité. Ta mort te redonne la vie, & perpetue ta memoire aux siecles aduenir: Mort qui fera cognoistre en effect peu veritable l'opinion de ceux, qui faisoient à perte de veuë, vn sinistre & mauuais iugement de ta vie : Car ayant esté atteint d'vne fiéure furieuse, ton mal dans son intermission, te fist songer à nostre infirmité, & penser que la fin de ceste vie estoit le commencement d'vne meilleure, te fit recourir au medecin spirituel, & quinze iours deuant ta fin te preparer à ce passage, pour lequel dépouillant le viel Homme, abhorrant le libertinage, & la fougue de ta ieunesse, reuestu d'vne robbe blanche, & muny des derniers remedes, que l'Eglise donne à ses enfans, la nuict d'entre le Vendredy & Samedy, vingtcinq & vingtsixiesme de Septembre, tu rendis à Dieu le talent qu'il t'auoit presté, & payas à la Nature le tribut que nous deuons tous acquiter.

C'est maintenant ce qui te fait cognoistre la difference qu'il y à de ceste valee de miseres, pleine d'espines & de ronces, de tribulations & calamitez, à ceste saincte montagne de paix, destinee pour les esleus.

Ton corps dépoüillé de ceste bluette de la Diuinité, qui nous rend differents des brutes, fut mis dedans le sein de nostre Mere commune (ie veux dire en terre saincte) où le Curé de l'Eglise de Sainct Nicolas des Chāps l'a luy-mesme conduict, auec toute la pompe, & les ceremonies, qui peuuent honnorer la sepulture d'vn Chrestien.

Tels ont esté les soins de cét esprit vrayment Angelique: telles ont esté ses dernieres pensées à la periode de sa vie: telle a esté sa fin glorieuse, qui a triomphé de l'enuie, &

de tous ceux qui voudroient tirer aduantage de les actions du passé, elle a remply de confusion & d'opprobre ses haineux & mal-veillans, & frustré la longue attente de ceux, qui, comme les vautours d'*Esope*, attendoient la fin du combat pour déchirer ses entrailles, & tirer la barbe du Lyon mort.

Le bruict veritable d'vne si heureuse fin, épandu par toute la France, a fait assembler la trouppe des plus beaux esprits de ce temps, ses volontaires sujets, pour dresser à ses cendres vn Monument digne de son rare esprit, affin que la posterité reconnoisse, que ce Siecle n'est point ingrat à rendre les honneurs dûs à ceux de son merite, que la Vertu a esleué iusques au plus haut throsne de l'Immortalité.

FIN.

www.ingramcontent.com/pod-product-compliance
Lightning Source LLC
Chambersburg PA
CBHW060636050426
42451CB00012B/2624